De professor à influenciador digital sem investir R$1,00

Uma história real de como um professor de marketing se transformou em criador de conteúdo nas redes sociais.

Paulo Henrique Pinho de Oliveira

Rio de Janeiro – RJ
Brasil
2023

Primeira edição, 203
ISBN 9798873985456
www.alunosdoph.com

Mensagem do autor

Olá, tudo bem?

Sou professor de marketing no curso de graduação do CEFET-RJ, penso que ensinar marketing atualmente é um desafio grande pois as coisas mudam rápido demais e não dá pra ficar parado em sala de aula.

Neste livro eu conto a minha trajetória quando decidi virar criador de conteúdo nas redes sociais, o objetivo é complementar minhas aulas com conteúdo prático e atualizado, além de conectar meus alunos com profissionais de renome no mercado.

Minha rede de seguidores ainda é pequena, e não estou aqui para criar expectativas erradas, estou longe de ser uma mega influenciador com milhões seguidores... Mas tecnicamente, acima de 2 mil seguidores já é classificado um NANO influenciador.

Este livro oferece a você um caminho para aprender e compreender o trabalho de um *social media*, espero que goste!

Sumário

Prefácio

Jornada...

O Prof PH vai te fazer um convite logo nos primeiros parágrafos desse livro: acompanhar a sua jornada de Professor a Influenciador Digital. Já o meu convite foi um pouco mais complexo, escrever o seu prefacio. Quando comecei a ler o texto, foi inevitável: imediatamente eu pensei também na minha jornada, ou melhor nas várias jornadas que venho percorrendo.

Eu e Professor PH vivemos um propósito em comum: o de unir o mundo acadêmico e o mundo corporativo. Foi assim que nos conhecemos e esse foi o motivo desse convite. Eu sigo atuando com gestão de vendas em uma multinacional, mas também sou professor universitário.

Esse livro faz parte dos esforços do Professor PH em unir esses dois universos. Um passo no sentido de unir a teoria e a profundidade da Universidade com o pragmatismo das organizações. E sempre que se trabalha nessa questão, surge uma pergunta: como aproximar esses dois universos que, no Brasil, parecem tão distantes?

Preciso te confessar: esse é um grande desafio. Fazer com que a Universidade transforme situações do mundo real em objeto de estudo e pesquisa e que o mundo corporativo incorpore o conhecimento gerado pelas Universidades no seu dia a dia, não é fácil. Parece simples, não é verdade? Até mesmo óbvio que aconteça assim? Pois é, sinto te informar que não é bem assim que as coisas acontecem.

A verdade é que a velocidade, os interesses e as métricas dos dois mundos são muito diferentes. Conectar realidades tão distintas é realmente muito difícil; mas é nessas mesmas diferenças que residem as maiores oportunidades de crescimento. É exatamente aí que existe tanto valor a ser criado e exatamente por isso, todo o esforço para criar essa integração é tão bem-vindo.

É isso que você vai encontrar nesse livro: uma jornada rumo à integração. A metodologia acadêmica aplicada em casos reais, contando a história de como o Professor PH criou seu networking em uma rede social, como conquistou seus seguidores, quais as estratégias ele utilizou, os testes realizados, os resultados alcançados e os seus maiores sucessos.

Mas, veja bem, quando eu falo em metodologia acadêmica, não estou falando em utilizar a formatação tal no modelo predeterminado, ser fiel à norma técnica ou estar preso à burocracia que, normalmente, está associada ao universo do ensino superior e da pesquisa.

Aqui me refiro muito mais a uma forma de pensar e analisar os problemas do que a simples fórmulas: sem vieses, testando hipóteses e medindo o que funciona melhor, corrigindo eventuais desvios, privilegiando as estratégias que apresentam os resultados mais promissores e aprendendo como replicar a sua utilização.

Aqui, você vai ver "mão na massa", ou para fazer uma "homenagem" aos jargões corporativos, vai ser "hands on". Vai ver o que ele fez, como fez e entender os conceitos que estão por trás. Conceito, estratégia e aplicação prática.

Resumindo, eu vim aqui reforçar o convite do Professor PH, te chamar para embarcar na mesma jornada que nós. Conhecer o mundo do conteúdo digital, o que os principais autores pensam a respeito, algumas estratégias utilizadas para criar conteúdos de sucesso e como tudo isso funciona no mundo real.

Pronto para embarcar?

Marcelo Cerqueira Ramos, Msc · 1º

Gerente Regional de Vendas na Cargill | Professor Universitário | Linkedin Creator

Top Negotiation Voice

Introdução

No universo digital em constante expansão, a função de um Social Media é mais do que apenas gerar conteúdo e interagir com seguidores. É um campo repleto de desafios e oportunidades, onde a criatividade, o conhecimento e a estratégia se entrelaçam para criar conexões autênticas e impactantes.

Este livro é uma jornada pessoal, um relato de como a minha trajetória se desdobrou desde os primeiros posts modestos no LinkedIn até o resultado que, um ano depois, viu meu número de conexões e seguidores mais do que dobrar. Tecnicamente, posso me considerar um "nano influenciador", mas o aspecto mais notável é que essa conquista não foi alcançada com investimento financeiro algum.

Tudo o que você encontrará nas próximas páginas é um testemunho de um crescimento que ocorreu organicamente, à maneira da internet. Convido você a mergulhar nas lições e descobertas que moldaram essa jornada, na esperança de que elas inspirem e auxiliem jovens universitários que almejam desvendar os segredos do mundo do Social Media.

Na segunda seção do livro, é onde o conhecimento se expande e as possibilidades se multiplicam. Desvendaremos não apenas informações, mas também conceitos, técnicas e ferramentas movidas pela inteligência artificial.

Estas páginas são um convite para que você não apenas compreenda, mas também crie. Aprenderemos juntos como as intricadas teias da Inteligência Artificial podem ser tecidas para criar conteúdos próprios, refletindo não apenas conhecimento, mas também imaginação.

Prepare-se para mergulhar em um mundo onde a criatividade encontra a tecnologia, onde as palavras e imagens ganham vida através dos algoritmos e onde a sua jornada como um Social Media começa a ser delineada.

Estas páginas são mais do que meras informações; são um convite para explorar o inexplorado, inovar e, acima de tudo, criar.

Bem-vindo a este universo, onde o digital se torna uma tela em branco, esperando ser preenchida pelas suas ideias e paixões.

O professor

O professor

Olá, meu nome é Paulo Henrique Oliveira. Sou administrador formado pela ESPM, fiz MBA em Gestão de Projetos pela FGV, mestrado em Economia e Gestão Empresarial na UCAM e doutorado em Ciência, Tecnologia e Educação no CEFET-RJ.

Profissionalmente comecei a trabalhar com 18 anos no call center da SulAmérica Seguros e com 20 anos fui promovido para o setor de salvados da empresa. O desafio era dar suporte aos supervisores com uma célula de inteligência, criando e analisando relatórios.

Aos 22 anos logo após me formar recebi uma proposta para trabalhar na área de estruturação de canais da Oi, o desafio ali era cuidar das planilhas e de todos os números do setor de Varejo. Antes que eu completasse 24 anos recebi uma proposta irrecusável de participar do *startup* de novos canais de vendas da TIM no varejo.

O desafio inicial era bem parecido com o que eu fazia na empresa anterior, mas não demorou muito para o escopo mudar. Tive a sorte de encontrar um diretor italiano fantástico, inteligente e gente boa, que me puxou para ser seu braço direito, e em 6 meses de empresa eu estava sendo promovido para cuidar de todos os dados da diretoria comercial que cuidava dos canais de vendas TIM/INTELIG.

Meu tempo na TIM foi muito intenso, participei da criação de novos canais e novos produtos da empresa, consegui crescer rápido na carreira, mas também acabei fazendo alguns inimigos que não gostavam que eu mostrasse seus baixos números de vendas, não tenho culpa os números não mentem...(rs)

Enquanto isso, surgiu uma oportunidade de ajudar um amigo ao substituir um professor doente dando aulas de estatística da UCAM, já era um sonho meu dar aulas mas aquilo parecia muito mais distante do que o que realmente aconteceu!

Após quase dois anos trabalhando nas duas funções, percebia que as aulas de estatísticas me deixavam muito mais leve e feliz do que aquela confusão que eu vivia no mundo corporativo das telecomunicações. Foi então que aos 30 anos, surgiu uma oportunidade de pegar mais turmas na UCAM mas para conciliar com a TIM eu precisaria de um dia de trabalho remoto para não perder tempo no trânsito…

Peraí, você não leu errado, eu preciso explicar uma coisa para quem estiver lendo isso… No ano de 2014 ninguém falava de trabalho remoto ou híbrido! Praticamente toda empresa tinha seus escritórios lotados de funcionários e reuniões que poderiam virar um email…

Bom, voltando, tentei ponderar com minha chefe (que naquela época já não era mais meu amigo Italiano) que meu trabalho podia ser feito perfeitamente de forma remota por apenas 1 dia, afinal o escritório ficava na praia de Botafogo e a UCAM no Méier... Enfim, minha gerente não concordou, o setor de RH da empresa também não autorizou, e então eu decidi pedir demissão. Sim, eu me demiti pra virar professor!!

Cumpri o aviso prévio na TIM, assumi 5 turmas na UCAM e me inscrevi no mestrado da própria instituição que agora era meu único emprego. A partir daí a cada semestre as coisas mudavam bastante, cheguei a ter 10 turmas na UCAM em 3 unidades diferentes, dei aulas no MBA da UVA, da TREVISAN, da Unicarioca, e ainda criei um CNPJ pra fazer consultoria para pequenas empresas.

Em 2015, entrei como professor substituto do CEFET-RJ no curso de administração. Era um contrato temporário de 2 anos, mas por ser uma instituição pública aquilo me dava uma garantia de mudar menos do que as outras instituições de ensino privadas que eu estava, pois já estava, começando a reduzir minhas turmas por conta da redução de matrículas.

O colegiado do curso de graduação em administração do CEFET-RJ me mostrou que existia um mundo novo que eu não conhecia... Enquanto que nas universidades privadas eu tinha que "amolecer" o conteúdo para não reprovar muita gente, ali eu podia dar aulas de verdade, trazendo as melhores práticas de mercado aos alunos! Além de ter alunos muito interessados, a instituição me dava meios para fazer meu trabalho da melhor forma possível, e o colegiado me apoiou bastante nas mudanças que eu sugeria ao curso.

Em 2017 meu contrato terminou e enfim abriram o concurso para uma vaga de professor permanente naquele mesmo colegiado de administração. Uma única vaga!!

Foram 6 meses sem vida social, me dediquei bastante de estudar o conteúdo previsto na prova. Eram 50 candidatos e somente 5 foram aprovados... depois veio a prova de aula e prova de títulos, até que eu passei em primeiro lugar com uma vantagem de 0,11 pontos em relação ao segundo colocado.

Ao tomar posse em 2018, além da disciplina de Jogos de Negócios, assumi o eixo de marketing do curso com 3 disciplinas: Fundamentos de Marketing, Administração de Varejo e Vendas & Growth.

Em 2019 iniciei o doutorado e logo depois veio um período tenebroso da pandemia do covid-19. Foram 8 meses de aulas suspensas, depois retomamos as aulas com aulas online (adaptadas) e só em 2022 que as aulas voltaram ao presencial.

O projeto

O projeto

Em novembro de 2019 decidi que deveria conectar minhas aulas de marketing com as melhors práticas de mercado, mas para isso eu precisava aprender algumas coisas que até então eu tinha apenas uma noção superficial...

Pesquisei bastante sobre as redes sociais disponíveis e sobre o trabalho do profissional conhecido como *social media*, mais especificamente sobre a gestão das midias sociais de uma empresa.

Apesar de já ter uma conta no instagram (@alunosdoph), minhas postagens nunca fizeram muito sucesso nesta rede, e foi então que decidi investir meu tempo no LinkedIn.

Vale ressaltar que eu já tinha um perfil nesta rede mas quase nunca postava nada, era aquele tradicional perfil de profissional que só usava o LinkedIn para procurar vagas de emprego quando precisava, graças a Deus estava tudo desatualizado porque eu não precisava faz tempo… (rs)

Naquele momento eu tinha cerca 1.000 usuários na minha rede, sendo 100% pessoas com quem eu trabalhei anteriormente, ou alunos que tiveram aula comigo. Raramente eu acessava a rede e compartilhava poucas coisas.

Segundo as informações que eu li, o LinkedIn parecia ser uma rede social mais adequada para postagem de conteúdo técnicos de marketing com foco no desenvolvimento profissional de meus alunos. Desta forma, eu chamei de "Educação Omnichannel" o projeto em que eu passo a criar conteúdo próprio diariamente, associando os tópicos abordados em sala de aula com as coisas que estavam acontecendo no mundo corporativo.

O planejamento

O planejamento

O planejamento inicial foi baseado na disciplinas obrigatórias do curso de administração do CEFET-RJ que eram ministradas por mim na época: Fundamentos de Marketing, Administração de Varejo, Administração de Vendas e Jogos de Negócios.

Desta forma, fui desdobrando cada disciplina em diversos tópicos ilustrados pela nuvem de palavras a seguir:

Agora então, eu já estava preparado para começar. Ativei meu perfil de "creator", escolhi as 5 hastags sobre as quais meu conteúdo iria se associar: #varejo, #administracao,

#trademarketing, #jogosdeempresas e #marketingdigital. Agora precisava dar uma cara melhor ao meu perfil!

1) O primeiro passo foi atualizar meus dados pessoais, formação e garantir que tudo estava certo;

2) Depois disso, precisava de uma foto profissional... Graças ao meu amigo Willian Vargas eu tenho um "estoque" de fotos perfeitas pra isso, de quando eu tinha minha consultoria;

3) Agora eu precisava de uma capa para meu perfil, não dá pra usar uma foto qualquer! Aproveitei os diversos templates que o Canva tem pronto e foi fácil chegar num modelo que me agradou:

Depois disso, começa a jornada de produção de conteúdo que será descrita em detalhes no próximo capítulo.

O processo

O processo

Além dos conteúdo que eu já tinha relativamente preparado, em minhas aulas, decidi que seria um caminho interessante começar a tirar fotos que pudessem exemplificar o conteúdo da matéria. Então, toda vez que eu ia no mercado eu tirava umas fotos que iriam gerar conteúdos novos.

Seguir criadores e TOP Voices

Eu precisava aprender sobre as melhores técnicas de produção de conteúdo. Comecei a seguir diversos criadores de conteúdo que falam sobre dados das redes sociais, pesquisas de mercado, tendências de marketing, criação de conteúdo, marketing digital, SEO, informações sobre o algoritmo do LinkedIn...

Isso se tornou um ciclo sem fim, até hoje estou sempre me conectando com novas pessoas desta rede que produzem conteúdos que podem me ajudar a me reciclar.

Um dos principais nomes que tem contribuído bastante nesta jornada é Rafael Kiso, ele hoje é fundador e CMO da mLabs, uma empresa especializada em marketing digital; Rafael posta constantemente em todas as redes sociais e oferece um conteúdo muito rico para quem trabalha com marketing nas redes sociais.

Os insights mais poderosos que tive foram:

- Storytelling: escreva de uma forma envolvente que conquiste a atenção do leitor para ler seu post inteiro;

- Copywritting: técnicas que nos ajudam a ser mais eficientes através de gatilhos mentais.

  Por exemplo, na maioria das redes sociais a gente vê um post no feed com a foto e o início do texto... se você quiser ler o restante daquele conteúdo precisa clicar no botão "ver mais". Desta forma, se você quer se mais persuasivo, é nestas primeiras linhas que aparecem antes do "ver mais" que você precisa chamar a atenção do usuário... fazer uma pergunta, dar um spoiler, pedir ajuda, qualquer coisa que estimule a curiosidade de clicar para o restante!
- Segundo especialistas, para cada formato de conteúdo existe um índice de engajamento. Exemplo, o melhor é o carrosel, depois vídeos curtos ou imagem com texto. Saber destas coisas nos ajuda a compreender o que não fazer! Inserir links externos do

youtube por exemplo é muito ruim no LinkedIn;

- Da mesma forma, saber os melhores dias e horários a se postar conteúdo é sempre relevante. Especialistas afirmam que de segunda a quinta o horário de 10h às 12h as pessoas estão mais conectadas nesta rede, na sexta este período muda para 14h às 16h;
- A quantidade de hastags usadas e escolher quais usar também não é uma tarefa fácil, tem que pesquisar para estar bem indexado na plataforma;
- Descobri que o LinkedIn pune o engajamento de quem posta toda hora, é necessário ter um intervalo mínimo de 18h entre um post e outro para se evitar esta punição;
- Outra informação importantíssima que descobri foi que compartilhar conteúdo de outras pessoas era considerado nesta conta das 18h normalmente, como se fosse um

conteúdo meu. Na verdade, compartilhar um post de outra pessoa só é bom para o autor da mensagem original, para quem compartilha só é ruim ou indiferente (rs);

É hora de começar a postar

Bom, eu decidi postar diariamente para criar um bom histórico de conteúdo e aumentar minha base de conexões/seguidores. Depois de um tempo o LinkedIn começou a mudar seus parâmetros e agora os criadores de conteúdo afirmam que o ideal é postar apenas 3x por semana.

Assumo que esta regra eu não aceitei totalmente, tem mês que estou meio enrolado e colocar posts a cada 2 dias, quando tenho mais tempo disponível acabo postando diariamente... mas aí é uma escolha mais complexa ponderando os ganhos e as perdas.

Durante o processo de criação de conteúdo, fiz alguns testes com posts motivacionais, alguns sobre a minha disciplina de Jogos de Empresas, e também cheguei a postar conteúdo sobre Educação. Mas estes temas não fizeram muito sucesso, a rede estava sedenta por conhecimentos de #trademarketing!!

Em poucos meses já dava pra perceber que os conteúdos voltados para trademarketing, com fotos do mercado, estavam gerando um alcance muito maior que minha rede!

Com 3 ou 4 meses, eu já tinha pegado o jeito de escrever de um jeito mais eficaz para estimular interações e engajamento da rede. Foi então que descobri dois outros insights poderosos.

O poder de marcar empresas nos posts

Marcar empresas na postagem fará com que os seguidores da empresa vejam seu post, o que é ótimo! Mas não é tão simples assim... Precisa fazer sentido você mencionar a empresa, porque o engajamento só virá se a marca interagir com você "chancelando" que realmente aquele post está associado com ela.

No próximo capítulo vocês vão ver bons exemplos disso, os posts que eu tive maior engajamento foram por causa disso! Profissionais da empresa marcada, ou o próprio perfil da marca, interagiram comigo, e o alcance foi explosivo...

Conexão ativa

A segunda nova estratégia que descobri foi garimpar a rede enviando pedidos de conexão para pessoas com quem fazia sentido eu me conectar.

Obs.: a rede LinkedIn sugere que você só faça conexões com pessoas que você conheça pessoalmente, mas na prática não é assim que funciona!

Passei a ver com quem minha rede estava interagindo, e toda vez que um amigo comentava um post legal de alguém que trabalhava com marketing numa posição alta (diretor, head, ceo, etc) eu adicionava na minha rede.

É muito legal ver como as pessoas são receptivas com um professor, até hoje eu continuo fazendo isso e tenho cerca de 2% de novas conexões por semana!

Este processo de produção de conteúdo e aprendizado é constante, eu poderia ficar 200 páginas aqui descrevendo tudo o que acontece e nunca terminaria... o importante é entender que precisamos estar sempre em busca de ser melhor!

Outro momento muito importante neste processo foi quando a rede incorporou os recursos de agendamento postagens, inicialmente eu usava um app externo chamado Buffer mas desde então podemos agendar direto na plataforma.

Se você pretende criar conteúdo nas redes sociais, precisa ter planejamento e organização, no meu caso eu tiro cerca de dois dias por mês para criar e agendar minhas postagens.

Newsletter

O LinkedIn oferece um recurso de envio periódico de newsletter para sua rede, na verdade para quem assinar sua newsletter. Ou seja, não necessariamente todos seus seguidores vão assinar sua newsletter.

Decidi testar esta ferramenta, escolhi enviar semanalmente toda sexta-feira. A ideia era criar um relatório de tudo o que aconteceu nas minhas aulas, resumindo o conteúdo abordado em cada disciplina. Além disso, apresentava e cada edição algumas notícias relevantes sobre marketing e uma indicação de livro.

Foram no total 10 edições de newsletter que enviei até decidir suspender esta feramenta. Percebi que o alcance e engajamento do newletter era muito menor que as postagens!

Exemplo: se naquela semana eu estava com uma rede de 1500 seguidores, um post comum alcançaria cerca de 4 mil pessoas enquanto que a newsletter não chegava nem a 500 pessoas.

O único resultado positivo destas 10 edições da newsletter foi quando uma edição que mencionava o estudo de caso sobre o programa de recompensas do Grupo Pão de Açúcar.

Um de meus seguidores, Anderon Paes, fez um belo comentário na postagem e alguns meses depois ele publicou um post em sua própria rede mencionando o aprendizado com minha postagem daquele newsletter.

Certa vez, li uma postagem brilhante do **Paulo Henrique Oliveira** que abordava a ausência de pesquisa na escolha de brindes para agradar os compradores durante a distribuição. Hoje de manhã, lembrei-me dela ao receber uma mensagem do Bradesco, que me parabenizava pelo meu aniversário e informava que eu havia ganhado alguns "mimos". No entanto, na realidade, se tratava apenas de um redirecionamento para sites de compras. Não querendo ser injusto, pode ser que tenha alguns "mimos", mas não está claro. Portanto, bastava dizer simplesmente "feliz aniversário" e nada mais rsrsrs.

08 AGOSTO | TER

Parabéns! Hoje é dia de celebrar o seu aniversário e estamos felizes em participar deste momento. Separamos alguns Mimos pra você comemorar, afinal, viver seu momento por completo é ser Exclusive. Escolha o seu e aproveite. Ler menos

Saiba mais

O post dele teve 19 pessoas engajadas e 4 comentários, mas os números deste caso não importam! Anderson não me conhece pessoalmente, passou a me seguir por conta deste projeto pois ele é gerente de loja na Americanas e se interessa pelo tema, mencionar meu post foi um lindo reconhecimento.

Uso de Inteligência artificial para produção de conteúdo

Com o avanço da tecnologia, 2023 se tornou um marco na sociedade com a explosão de várias Inteligências Artificiais. Atualmente tem IA pra tudo, e você deve estar se pergutando: dá pra usar IA na produção de conteúdo?

A resposta é quase igual a propaganda de cerveja: aprecie com moderação!(rs)

Eu explico! Sim, existem muitas ferramentas de IA que podem criar 100% do conteúdo com apenas alguns comandos. A maioria das redes sociais não tem nada no algoritmo que proiba ou iniba os resultados destes post produzidos com IA.

Porém... Preste atenção! Eu não acredito em respostas genéricas e decidi testar. Decidi fazer dois testes diferentes: a) durante uma semana (na época que eu publicava diariamente) todo os meus posts foram 100% criados por IA; b) peguei a conta do LinkedIn do meu irmão, que não era criador de conteúdo, e comecei a produzir conteúdo em nome dele usando 98% IA, eu fazia pequenos ajustes.

Os resultados foram bem diferentes, mas esclarecedores, vejamos:

a) as postagens no meu perfil tiveram um alcance e engajamento bem menor que o normal. Se eu tinha cerca de 3 mil impressões num post, naquela semana o melhor post teve 500 visualizações.

Não tire conclusões previamente, o algoritmo não pune conteúdo assim, a questão é que meu público que me segue nas redes sociais gosta de coisas específicas, que tenham uma certa profundidade que a IA não vai conseguir oferecer. Então, na medida que os primeiros que viram, não gostaram, não leram até o final e não engajaram, a ferramenta entendeu que aquele conteúdo não é interessante pra minha rede. Entendeu? Vamos ao segundo teste.

b) Na produção de conteúdo do meu irmão, eu fiz da seguinte forma: como ele é um profissional da área financeira e não é minha praia, pedi para ele elencar 20 tópicos que ele dominaria.

Baseado nestes tópicos eu fui para o chatGPT fui inserindo comandos sobre formatos, tamanho de texto, storytelling, copiwritting, etc. A versão final que eu considerava boa, eu fazia pequenos ajustes deixando mais com cara de que realmente fosse meu irmão "falando" com seu público.

O resultado obtido foi modesto, tivemos um alcance razoável para quem estaria começando a produzir conteúdo, nutrindo primeiro sua própria rede de conexões, por post a gente conseguia cerca de 1500/2000 impressões (em 7 dias) para uma rede de 1290 conexões.

Para um profissional do mercado como ele, ou seja, que não pretende ser criador de conteúdo o maior indicador foi o melhor resultado: aumentamos em 200% as visualizações de seu perfil. Isso pode significar novas oportunidades de emprego ou novas vendas!

Conclusão: o que a IA faz é acelerar sua produtividade, não peça para ela ser criativa! Isso porque para a IA trabalhar, você precisa do comando certo, e se você tiver um comando super criativo já nem precisará dela para criar seu texto.

Aprenda a usar a IA como um auxílio, por exemplo, eu uso muito a IA para criar imagens específicas para meu conteúdo. Ou então, pega um texto seu de outra rede social e pede pra IA transformar em outro formato. Exemplo: um post curto do Instagram pode ser mais aprofundado como artigo no LinkedIn, o então pode virar um enquete!

Programa de Editoriais do LinkedIn

Em Outubro de 2023, enquanto eu escrevia este livro, consegui a oportunidade de participar de uma capacitação promovida pela própria rede LinkedIn: O Programa Editoriais do LinkedIn.

Trata-se de um programa gratuito que a rede oferece para apoiar seus criadores de conteúdo, através de alguns workshops os participantes recebem treinamento sobre como produzir conteúdo, oportunidades de ter seu conteúdo selecionador para os editoriais da rede (e amplificar seu alcance), além de um grande networking com os demais participantes do programa.

Foram ao todo 5 encontros online, não é justo eu dar muitos detalhes mas resumidamente a equipe costuma orientar os participantes sobre todas as funcionalidades da plataforma, como manter o perfil atualizado, as características da rede social e seus motores de busca.

Todo encontro tem a participação de um TopVoice compartilhando experiências com o grupo, isso é bem legal!

E o maior benefício do programa é apresentar aos criadores de contéudo a possibilidade de fazer parte de um canal de divulgação oficial da rede que são os editoriais do LinkedIn.

Existem os resumos diários, assuntos do momento e os editoriais específicos sobre marketing, tecnologia, RH e varejo. Durante o programa, os participantes são estimulados a produzir conteúdo sobre os temas sugeridos pela equipe destes editoriais, e assim podemos ter chance de ter um conteúdo selecionado para aparecer no editorial... isso significa um alcance explosivo e um grande reconhecimento de que você produziu um conteúdo de qualidade!

Vale dizer que isso não é exclusividade do programa, os editores do LinkedIn monitoram todos os criadores de conteúdo, e qualquer um pode ter seu conteúdo selecionado.

Os melhores posts

Os melhores posts

1.1.Cross-merchandising da Ypê

Texto original da postagem:

Texto persuasivo antes do "ver mais"

Gente, eu não ganho nada pelo conteúdo que posto aqui, ok? Não é publi!!

Parágrafos curtos e espaçados

Antes do carnaval fiz uma rápida visita a uma loja Supermercados Inter em Cascadura e achei muita coisa legal que virão nos próximos posts.

Empresas marcadas

A foto de hoje registra tanta coisa bem feita pela equipe da Ypê que eu poderia dar 1 mês de aulas só com essa foto...

Vamos analisar:

° Na aula de #branding eu falo sobre as variações de uma marca, como isso deve ser planejado dentro de uma coerência. Vejam os rótulos como se ajustam a cor de cada fragrância de produto,

° Eu assumo ser consumidor do detergente desta marca, mas no multiuso eu costumo usar aquele que tem nome de revista... lançar um multiuso Ypê só faz sentido se for assim, com #cross-merchandising na gôndola dos detergentes, □□□

° Na prateleira de baixo um pack de 6 detergentes sinaliza uma estratégia interessante pra aumentar o ticket médio, e no rótulo ainda diz: "Na compra de 6, você ganha 3 esponjas". Um clássico exemplo de #cross-selling !

° Por fim, lá no alto, para os consumidores mais exigentes a marca oferece um "lava louça em gel concentrado". Este eu nunca usei, mas parece ser o detergente tradicional com menos água... Ou seja, um detergente de 2,79 - água = gel por 6,99.

#marketing #varejo #Trademarketing #branding hastags

Números:

- 387 reações
- 26 comentários
- 8 compartilhamentos
- 24.592 impressões

O principal motivo desta postagem ter feito tanto sucesso foi a interação de vários profissionais do marketing da Ypê interagindo e confirmando minha análise!

Thais Pizzi • 1º 7 m

Gerente Executiva de Marketing Digital e Retail Media

Muito bacana sua análise professor!
Compreendeu perfeitamente nossa estratégia!
Faltou apenas mencionar, que na altura dos olhos temos o nosso lançamento em lava-louças, que é o lava-louças da linha Antibac!!!

Gostei · 20 | Responder · 2 respostas

Gabriela Carvalho • 1º 8 m

Gerente de Comunicação Externa e Reputação Corporativa

Professor, que post bacana! Parabéns! Aproveito para compartilhar que o Perfex tá ali do ladinho e também é Ypê! O lava-louças concentrado rende mais, vale testar, você vai gostar. ❤

Gostei · 5 | Responder · 2 respostas

1.2. Teto de Ovos de Páscoa da Americanas no metrô

Este post eu tenho um carinho super especial porque eu recebi de uma aluna que acompanhava minhas postagens, e quando ela viu esta ação da Americanas ela tirou foto e me enviou! Era a confirmação de que eu estava no caminho certo, meus alunos estão curtindo…rs

O texto original do post:

O post de hoje veio de uma aluna, ela estava passando pelo metrô e quando viu este "teto de ovos de páscoa"... Carolina Reis: "Remeteu a uma experiência que eu amava ter quando criança!"

Não é legal isso, gente?!

1) Aproveitar que sua marca tem um envolvimento de décadas com o #shopper e resgatar a sensação de uma criança entrando na Americanas e os olhos brilhando com tantos ovos de páscoa.

2) Levar esta experiência para longe da loja, no corredor do metrô onde as pessoas passam correndo, stressadas para o trabalho. Tenho certeza que muitos diminuiram o passo pra ir mais devagar neste corredor.

3) Reforçar que a marca americanas s.a. continua firme e forte, apesar das notícias que surgiram nos últimos meses sobre questões contábeis da empresa.

É assim que se dá a volta por cima, é claro que a contabilidade e os bancos precisam que algo seja corrigido, mas do ponto de vista de marketing a marca deve permanecer ativa e forte para se segurar enquanto a tempestade não passa!

#marketing #varejo #vendas #trademarketing #branding

Números:

- 277 reações
- 11 comentários

- 6 compartilhamentos
- 16938 impressões

Assim como no da Ypê, aqui eu tive uma executiva de alto nível da empresa confirmando minha análise!

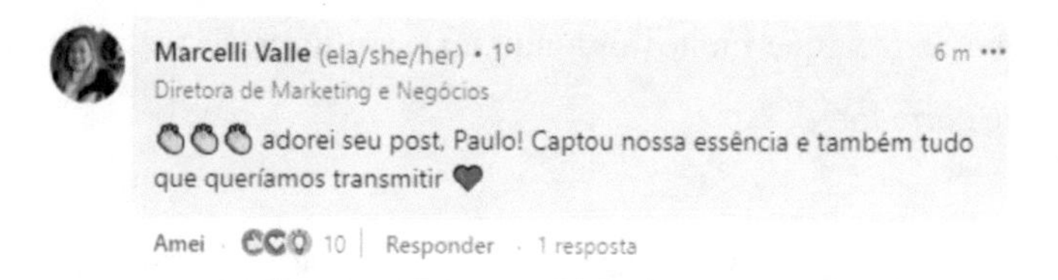

Além disso, um dos pioneiros da internet com mais 500 mil seguidores, que trabalha na Americanas compartilhou meu post.

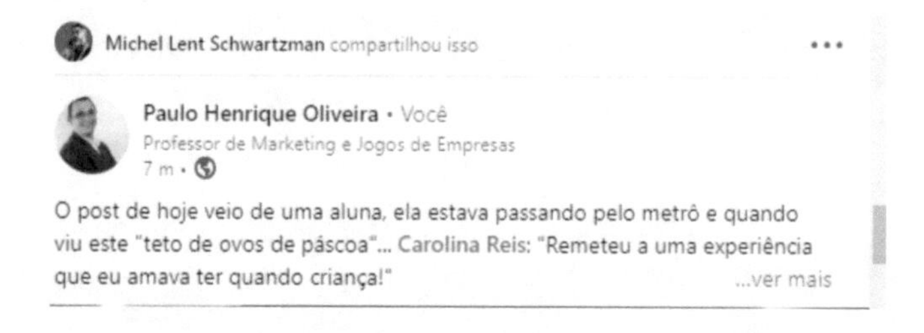

1.3. Repositor motivado

Esta foi uma das primeiras postagens que fiz, e ganhou grande destaque quando o perfil oficial da marca Piracanjuba interagiu comigo!

Texto original da postagem:

O #marketing se faz nos detalhes e nas pessoas, a estratégia pode ser linda mas se for mal executada nunca vai funcionar. Diversas pesquisas mostram que mais de 70% da decisão de compra é inconsciente ou irracional.

Na primeira foto, tem um exemplo claro da importância de organizar seus produtos na gôndola. Enquanto que o sabonete Senador se destaca o outro que nem vi a marca está ali jogado pra quem quiser pegar...

Já falei sobre este descaso de algumas lojas de varejo em outro post, mesmo que a fabricante não tenha promotor pra cuidar disso, a loja comprou estes produtos e se não vender bem vai ter prejuízo!

Empresas marcadas

A segunda foto destaca uma simples e bonita organização do leite condensado Piracanjuba na ponta de gôndola, não sei dizer se tem promotor envolvido aqui ou se foi apenas um repositor criativo, o importante é que estes pequenos detalhes podem fazer a diferença na hora do shopper escolher qual produto levar.

#varejo

Números:

- 82 reações
- 3 comentários
- 0 compartilhamentos
- 13893 impressões

1.4. Pack de Guaraná Antartica de 1 litro

Texto original da postagem:

□ Preciso de ajuda dos especialistas aqui do LinkedIn novamente...

Passando pelo mercado aqui perto de casa, encontrei esta gôndola de Guaraná Antártica da Ambev :

2 garrafas de 1 litro = R$6,49

1 garrafa de 2 litros = R$7,29

□

Peraí, sempre achei que as embalagens maiores conseguissem fossem mais baratas por evitar menos custo de embalagem por líquido.

Se alguém desta rede souber explicar, fique a vontade!

Meu palpite: as garrafas de 1 litro devem ter pouca saída e o estoque devia estar se aproximando da data de validade. Se for isso, o varejista pode ter mantido a de 2L num preço sem desconto e aplicou uma oferta no pack de 2 garrafas de 1L pra estimular que o shopper fizesse a mesma conta que eu fiz!!

Se for isso, parabéns para a equipe do Vianense Supermercados de Cascadura que fez uma boa gestão do LTV de seu estoque!! □ □

#marketing #Trademarketing #varejo #branding #vendas

Números:

- 26 reações
- 29 comentários
- 0 compartilhamentos
- 7023 impressões

O que chama atenção neste post é que apesar de estar em 4º lugar em alcance, é o conteúdo que teve a maior quantidade de comentários. Percebam o efeito daquele gatilho na primeira frase: "preciso de ajuda dos especialistas…"

Além de alunos, diversos seguidores que trabalham com trade participaram da discussão, incluindo alguns criadores de conteúdo deste tema com mais de 20 mil seguidores.

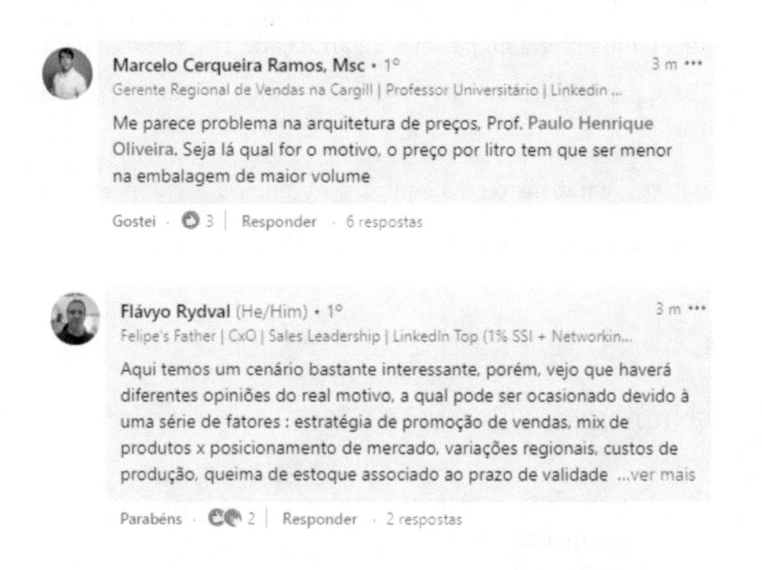

1.5. Compactor investe na volta às aulas

Texto original da postagem:

Sazonalidade em Janeiro? Sim! Nem todos os segmentos vivem seu pico de demanda no Natal...

No início do ano temos a volta às aulas, e com isso as papelarias e lojas de material escolar ficam lotadas! E se tem demanda, precisa ter #Merchandising pra conquistar o #shopper .

Tirei esta foto de um belíssimo portal da Compactor dentro de uma loja da #Caçula em Madureira.

• Destaca de longe a marca, fazendo seu papel estratégico de #Branding

• Expõe de forma organizada parte de seu #portfólio ,num ponto que o shopper esta subindo a escada (não há concorrentes)

Gostou? Comenta aí o que você achou!

#varejo

Neste post, mais uma vez o que impulsionou organicamente o alcance foi a interação do perfil oficial da marca comigo.

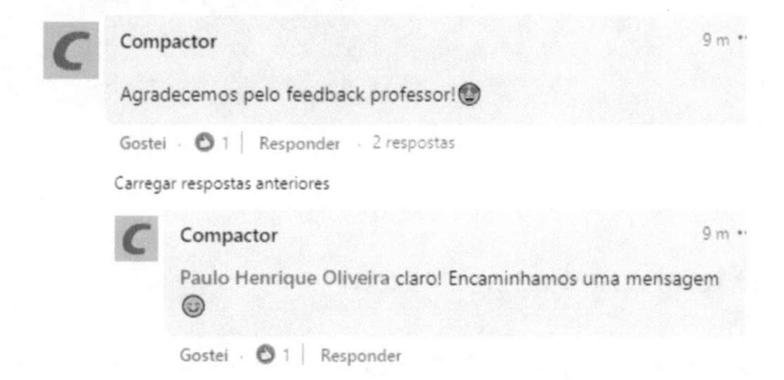

Números:

- 102 reações
- 11 comentários
- 4 compartilhamentos
- 6.685 impressões

1.6. Repositor desmotivado ou falta de planograma

Este post teve uma influência da empresa que marquei inicialmente, mas que não era a fabricante deste produto da foto... (mas quando interagiu comigo gerou alcance do mesmo jeito!)

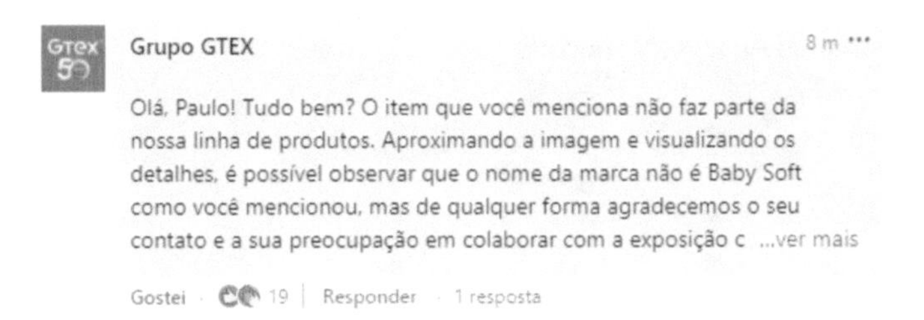

Depois disso praticamente houve uma mobilização dos meus seguidores que trabalham com trade para identificar a empresa do produto Babysoft (que não tinha perfil no LinkedIn)

Texto original do post:

Oi pessoal, bom dia. Não tenho nada contra os profissionais que trabalham como repositores, mas olha esta foto...

Tirei esta foto na loja do Supermercados Guanabara em Campinho (Rio de Janeiro-RJ). É difícil até de acreditar que isso tenha sido um descuido, porque estão todos organizados... parece um padrão planejado.

Alguém pode falar: "Ah, PH, deixa de ser chatl! Assim fica mais fácil pro cliente pegar na alça e colocar no carrinho..."

Sim, é útil pensar na anatomia de seu produto e facilitar a ação do #shopper , mas não precisam estar todos assim... O problema é que se todos ficam organizados desta forma (de lado) ninguém vai ver sua marca!!

Pra completar, se olhar com atenção vai perceber que os produtos da prateleira de cima estão com a parte traseira da embalagem virada pra frente... Grupo GTEX ajuda a gente a compreender sua estratégia de #Trademarketing com os amaciantes #Babysoft porque está confuso!

#marketing #varejo

Números:

- 38 reações
- 10 comentários
- 0 compartilhamentos

- 5129 impressões

1.7. Energético cafona do Gustavo Lima

Texto original da postagem:

□ Preciso de ajuda pra entender este produto!!

Estava passando por um supermercado no outro dia e fiquei surpreso ao ver "isso"! Vamos por partes:

-Produto: energético
- Marca: Red Horse Energy Drink
Até aí, tudo bem, não sou consumidor da marca mas conpreendo que existam muitos players.

- Embalagem: 2 litros □
Num primeiro momento achei estranho, porque sempre vi aquelas latinhas pequenas, mas deu pra perceber que está posicionado pra

grupos, festas, misturar com outras bebidas, etc...

- Visual e identidade da marca □
Gente, a foto do Gustavo Lima com autógrafo é muito cafona e não consigo ver onde isso agrega valor ao produto...

Pra piorar, a garrafa e a cor do liquido, num parecem aqueles produtos pra matar barata ou pra limpar a casa que pessoal vende na rua? (aqueles que reaproveitam a garrafa de refrigerante pra fazer em casa!) □

Se algum consumidor deste produto quiser me ajudar a compreender este posicionamento da marca, eu agradeço...

Comenta aí o que você achou disso!

Nesta postagem mais uma vez funcionou muito bem o gatilho da frase inicial, e deu certo também por ter muitos alunos e seguidores que conhecem e consomem energéticos concorrentes.

Números:

- 39 reações
- 29 comentários
- 0 compartilhamentos
- 4927 impressões

1.8. Castelo da Faber Castel na volta às aulas

Texto original do post:

Na semana passada falei sobre a volta às aulas, aqui está mais um bom exemplo de #merchandising bonito.

Tirei esta foto na loja da Kalunga S.A. no #NorteShopping, este castelo da Faber-Castell Brasil ficou muito legal!

Trabalha o #branding ao destacar a marca, ao mesmo tempo que expõe no corredor que leva aos caixas, produtos que o #shopper pode ter esquecido de comprar.

Não chega a ser uma compra por impulso, tem mais características da categoria Abastecimento/Lembrança com produtos para todas as idades escolares.

Viu algum coisa legal no shopping? Tira uma foto e manda pra mim, vamos analisar juntos!

#Trademarketing #Varejo #Marketing

Aqui novamente mais um exemplo de um post impulsinonado pela marca mencionada interagindo comigo!

Faber-Castell Brasil 8 m

Paulo, muito legal o seu post! Nós adoramos ver os nossos castelos e espaços espalhados pelos pontos de venda durante a Volta às Aulas - e como as pessoas já identificam essas ativações como parte do trabalho da Faber-Castell 😃✏️

Gostei · 1 | Responder · 1 resposta

Números:

- 56 reações
- 3 comentários
- 2 compartilhamentos
- 4444 impressões

1.9. Colab Flormel, Tirolez e Gol

Esta postagem é mais um exemplo de conteúdo que produzi a pedido de uma aluna, e o alcance foi impulsionado pela interação das duas marcas. Uma funcionária do marketing da Gol Linhas Aéreas e o perfil oficial da Flormel.

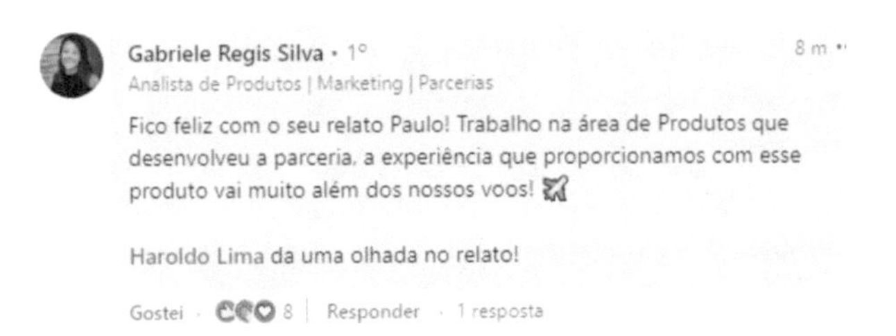

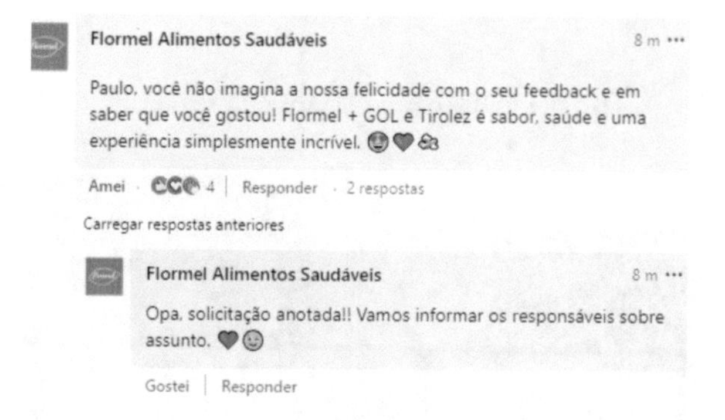

Números:

- 71 reações
- 8 comentários
- 0 compartilhamentos
- 4328 impressões

1.10. Como esticar uma gôndola refrigerada

Texto original do post:

□ Aula de como "esticar a gôndola refrigerada" com a equipe da Danone !!!

A gôndola de produtos refrigerados costuma ter menos materiais de #merchandising por ter algumas limitações. Mas neste dia eu fiz questão de registrar o belíssimo trabalho do pessoal da #Danone.

Preste bem atenção:

1) O arco de bolas destaca a ponta da gôndola e chama atenção de longe, junto com uma testeira divulgando a promoção da marca,

2) Nas laterais, pequenos displays complementam e expandem o visual com prosutos em destaque (que não precisam estar refrigerados!)

3) Alguém duvida que eles tem um planograma? Impossível, né?! Olha como os produtos estão bem organizados!!

4) Usar a ponta de gôndola neste caso, além de dar um destaque,

elimina a concorrência e coloca seu portfólio inteiro de cara com o #shopper

E aí, gostou? deu até vontade de tomar um iogurte...rs

#marketing #Trademarketing #vendas #branding

□□□□□

Esta postagem teve bons números de alcance porque alguns profissionais da empresa Danone já eram meus seguidores e ficaram felizes de ver o reconhecimento de seu trabalho!

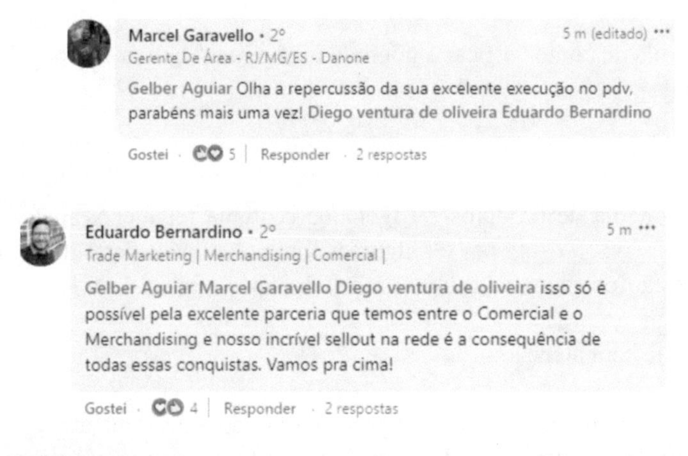

Números:

- 100 reações
- 13 comentários
- 0 compartilhamentos
- 3787 impressões

O resultado

O resultado após 12 meses

Na prática eu não sou ninguém na economia dos criadores de conteúdo, mas tecnicamente acima de 2 mil seguidores já é considerado um NANO INFLUENCIADOR.

Com 12 meses produzindo conteúdo constantemente, e sem nenhum investimento de posts patrocinados ou perfil premium, alcancei 2.380 seguidores. Um crescimento de 138% na base de conexões, e crescendo!!

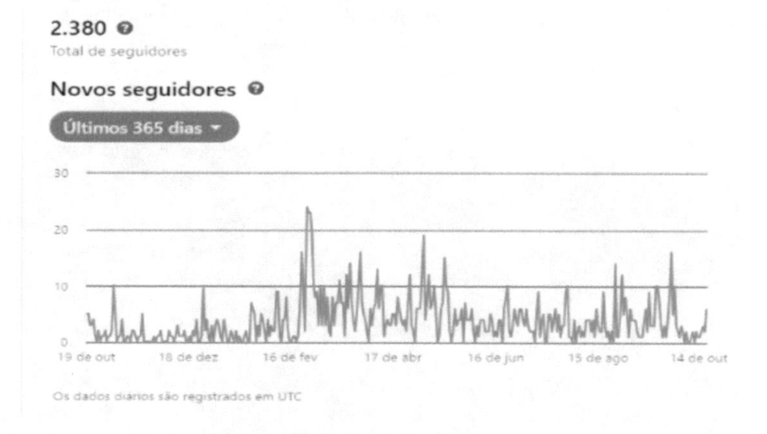

Ao longo destes 12 meses, segundo dados extraídos do LinkedIn, minhas postagens alcançaram 271.313 pessoas com 5.244 interações.

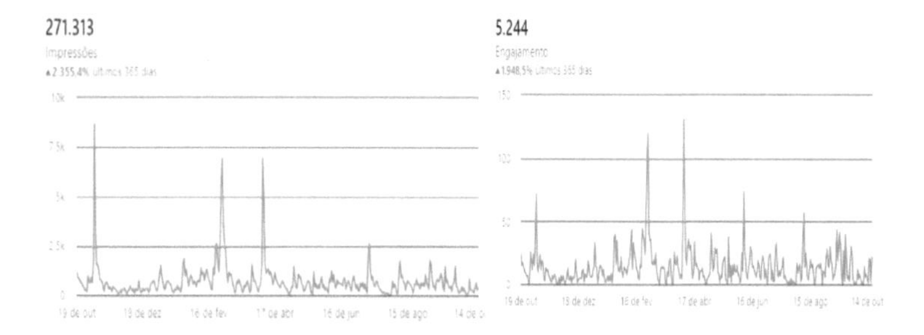

Ainda explorando os dados que a plataforma me oferece, vejam como aquela estratégia de enviar pedidos de novas conexões é poderosa... o cargo mais comum em minha nova rede é de CEOs!

Isso nos coloca numa posição privilegiada e trocar informações e conhecimento com diversos empreendedores que estão no mercado.

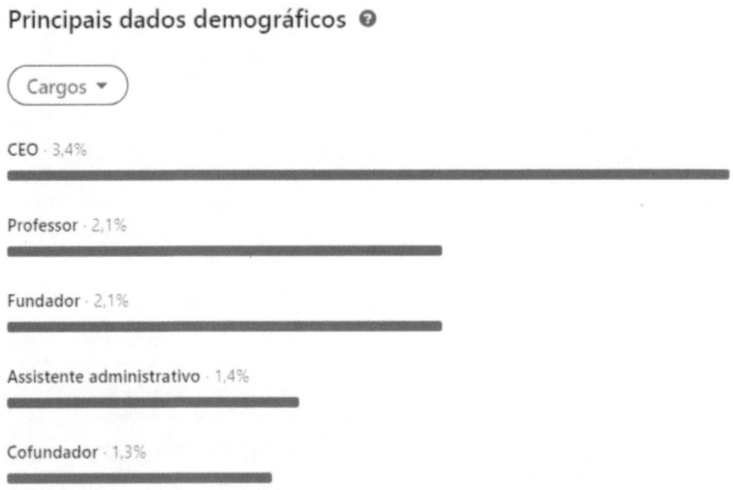

Principais dados demográficos

Cargos

CEO · 3,4%

Professor · 2,1%

Fundador · 2,1%

Assistente administrativo · 1,4%

Cofundador · 1,3%

Ao longo deste processo de criar conteúdo, surgiu uma ideia que inicialmente não estava prevista: realizar lives entrevistando profissionais que se destacavam em minha nova rede de conexões. Era uma nova forma de gerar conhecimentos aos meus alunos, e ao mesmo tempo trabalhar a minha autoridade no assunto.

Marketing de Influência - Rafael Coca (SPARK)

61 visualizações • Transmitido há 1 ano

Minha primeira entrevista foi com Rafael Coca, fundador e CSO da SPARK (uma empresa especializa em marketing de influência).

Entrevista: Gustavo Lemos fala como a geração de dados no PDV...

50 visualizações
• Transmitido há 10 meses

A segunda foi com Gustavo Lemos, fundador e CEO da Mediar Solutions. Uma startup que está saindo do Vale do Silício para o mundo, aplicando IA no Varejo.

Entrevista com Renata Boock sobre a Franquia Casa Bauducco

83 visualizações
• Transmitido há 10 meses

Na entrevista com Renata Boock Rouchou da Bauducco, tivemos um batepapo muito legal sobre franquias!

Entrevista com Bruno Melo | Sócio fundador do Mundo do Marketing

30 visualizações
• Transmitido há 8 meses

Na entrevista com Bruno Melo, fundador e CEO do Mundo do Marketing, um portal especializado em marketing, falamos sobre as melhores práticas de marketing, habilidades do profissional e o modelo de negócios por assinatura como o Clube do Mundo do Marketing.

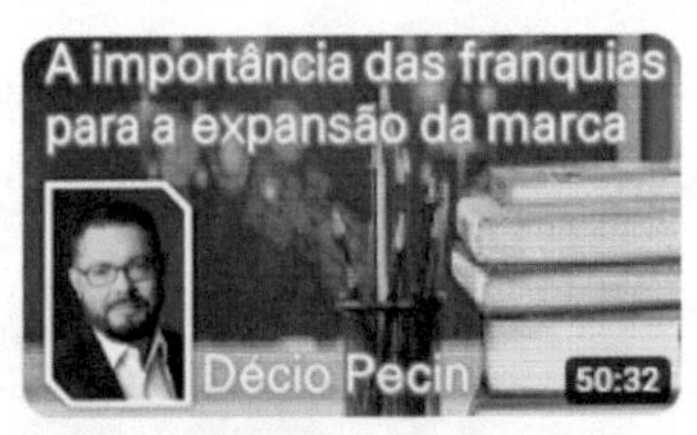

Entrevista: Décio Pecin fala sobre "A importância das franquias para a...

60 visualizações
• Transmitido há 7 meses

Na última entrevista que consegui gravar foi com o Décio Pecin (CEO do CNA), falamos sobre diversos aspectos da profissão do administrador e os desafios de uma franquia como o CNA.

Acesse aqui o canal do youtube
com as lives

Podemos creditar a este projeto também os palestrantes presenciais que consegui trazer para o 3º Simpósio de Administração, um evento que organizei junto com meus colegas no curso de Administração do CEFET-RJ.

O evento teve 4 dias com visitas técnicas de manhã e palestras de tarde e de noite. Os principais palestrantes (noite) foram abordados por mim pelo LinkedIn.

O que está
por vir

O que está por vir

Agora que completei um ano com este projeto, para o segundo ano estou planejando atuar da seguinte forma: manter a produção de conteúdo como tenho feito, intensificar as entrevistas ao vivo direto no LinkedIn (já existem 10 profissionais na fila de espera, que já toparam gravar comigo!), além disso estou planejando algumas atividades práticas com empresas que topem me ajudar a trazer casos reais para serem trabalhados por meus alunos em sala de aula.

Além disso, visando integrar ainda mais o conteúdo estou preparando um site com domínio

próprio para concentrar todo o material de minhas aulas, mas também minhas redes sociais, orientações e artigos publicados. Neste site vai ter um blog com o conteúdo que eu posto nas redes sociais, assim tentarei conquistar um plúblico novo que talvez ainda não esteja no linkedin.

Estou criando uma marca própria que poderá ser utilizada em diversos aspectos eduacionais, além de minhas aulas, pretendo atuar mais fortemente com palestras, produção de livros e eventos. Se você quiser acompanhar melhor, acesse: alunosdoph.com.

Storytelling

Storytelling

Alguns autores sugerem coletivamente que a narração de histórias pode ser usada de forma eficaz para produzir conteúdo em plataformas de mídia social. Reddy 2019 destaca como a narração de histórias nas redes sociais pode inspirar o público e influenciar o comportamento positivo, enquanto o Telg 2015 fornece orientação sobre a utilização eficaz das plataformas das redes sociais para fins de narração de histórias. Veríssimo 2021 explora a utilização do storytelling na publicidade. Mu 2015 discute o uso de conteúdo multimídia gerado pelo usuário e a coautoria colaborativa de histórias para melhorar a experiência do usuário ao contar histórias nas mídias sociais. No geral, estes artigos demonstram o potencial da narrativa como uma ferramenta poderosa para a criação de conteúdo e envolvimento em plataformas de redes sociais.

Mas o que é Storytelling afinal?

Imagine-se em um mundo onde as palavras têm o poder de encantar, inspirar e emocionar. Este é o mundo do storytelling. Neste capítulo, vamos explorar a arte de contar histórias e como ela pode ser aplicada de maneira cativante nas redes sociais.

No cerne do storytelling está a habilidade de criar uma jornada narrativa que leva o público a uma experiência única. Imagine uma marca que compartilha a jornada de um cliente, desde os desafios iniciais até o sucesso final. Essa jornada cria uma conexão emocional e mantém os seguidores envolvidos.

As histórias bem contadas provocam emoções. Quando uma empresa compartilha uma história autêntica sobre seus valores e compromissos, ela constrói uma base de confiança com seu público. Por exemplo, a Patagonia compartilha histórias sobre seu compromisso com o meio ambiente, conectando-se com seguidores que compartilham os mesmos valores.

As melhores histórias são aquelas com as quais podemos nos identificar. Por exemplo, uma marca de beleza pode compartilhar a jornada pessoal de alguém em busca de autoconfiança e autoestima, permitindo que os seguidores se vejam na história. Isso gera empatia e conexão.

Storytelling é uma ferramenta poderosa para tornar ideias complexas acessíveis. Imagine uma empresa de tecnologia explicando uma inovação de maneira envolvente, transformando dados técnicos em uma narrativa compreensível para seu público.

Agora, vamos explorar como aplicar storytelling nas redes sociais.

A primeira etapa é conhecer seu público. Imagine uma empresa de alimentos que pesquisa profundamente as preferências de seus seguidores antes de compartilhar histórias relacionadas a seus produtos.

As redes sociais oferecem vários formatos, desde vídeos envolventes até imagens cativantes e histórias de texto emocionais. Imagine uma organização sem fins lucrativos que usa vídeos para mostrar o impacto de suas ações, tocando o coração de seus seguidores.

A consistência é a chave. Uma marca que mantém uma narrativa coesa, alinhada com seus valores, cria uma imagem sólida nas mentes dos seguidores. Imagine uma empresa de moda que mantém uma narrativa consistente de sustentabilidade e inovação em todas as postagens.

As redes sociais oferecem oportunidades únicas para o engajamento do público. Imagine uma marca de esportes que convida seus seguidores a compartilhar suas próprias histórias de superação, criando uma comunidade interativa e vibrante.

O timing é essencial. Publicar no momento certo, quando o público está mais ativo, garante que as histórias tenham a máxima visibilidade. Imagine uma marca de entretenimento que lança histórias sobre bastidores momentos antes de um grande evento.

Nas redes sociais, a mensagem deve ser clara e concisa. Imagine uma marca de tecnologia que usa postagens curtas e cativantes para destacar os recursos de seus produtos, mantendo a atenção dos seguidores.

Storytelling humaniza a marca. Imagine uma empresa de tecnologia que compartilha histórias sobre os desafios e conquistas de sua equipe, tornando a marca mais acessível e autêntica para os seguidores.

Métricas das redes sociais, como engajamento, compartilhamentos e comentários, ajudam a medir o impacto do storytelling. Imagine uma organização sem fins lucrativos que analisa o impacto de suas histórias, utilizando dados para ajustar estratégias futuras.

O feedback dos seguidores é valioso. Interagir com o público revela quais histórias funcionam melhor. Imagine uma empresa de viagens que usa o feedback de seus seguidores para aprimorar as histórias e oferecer conteúdo mais relevante.

Storytelling é uma ferramenta poderosa para criar conexões autênticas, inspirar ação e contar histórias que perduram na mente do público. À medida que você aplica esses princípios nas redes sociais, você se torna um contador de histórias habilidoso, capaz de envolver, inspirar e criar uma comunidade online sólida. O poder do storytelling está em suas mãos, e o impacto é duradouro.

Técnicas narrativas

1. Contraste:

Contraste envolve a apresentação de elementos opostos na narrativa para criar impacto emocional e ressaltar diferenças significativas.

Exemplo: Em uma história, um personagem extremamente otimista encontra um personagem profundamente pessimista. O contraste entre suas visões de mundo cria tensão e destaca suas diferentes perspectivas.

2. In Media Res:

In Media Res significa começar a narrativa a partir do meio da história, mergulhando diretamente na ação ou no conflito.

Exemplo: Um filme que começa com uma cena de ação intensa sem explicar o contexto inicial. Os espectadores são lançados diretamente no meio do conflito, criando curiosidade sobre como os personagens chegaram a essa situação.

3. Efeito Rashomon:

O Efeito Rashomon envolve contar a mesma história a partir de diferentes pontos de vista, revelando como as percepções e interpretações dos eventos variam entre os personagens.

Exemplo: Um crime é testemunhado por várias pessoas, e cada uma delas conta uma versão diferente dos eventos. O público é deixado para decidir qual versão é verdadeira.

4. Simbolismo:

O Simbolismo usa elementos simbólicos na narrativa para representar ideias ou conceitos abstratos, adicionando camadas de significado à história.

Exemplo: Em uma história, uma rosa vermelha pode simbolizar amor e paixão, enquanto uma rosa murcha pode representar o fim de um relacionamento.

5. Loop:

Um Loop envolve uma narrativa que retorna ao ponto de partida, criando um ciclo contínuo na história.

Exemplo: Um personagem preso em um loop temporal, revivendo o mesmo dia repetidamente, como visto no filme "Feitiço do Tempo" (Groundhog Day).

6. Arma de Tchekhov:

Explicação: A Arma de Tchekhov refere-se a qualquer elemento introduzido na história que deve ser relevante para a trama posteriormente.

Exemplo: No início de uma história, um personagem mostra uma arma na parede. Mais tarde, essa arma é usada em um momento crucial da trama, cumprindo sua função.

7. Plot Twist:

Um Plot Twist é uma reviravolta inesperada na trama, subvertendo as expectativas dos espectadores.

Exemplo: Um personagem aparentemente bom revela-se o vilão principal no final da história, surpreendendo os leitores ou espectadores.

8. Multiplot (Rashomon + Plot Twist):

Uma combinação de técnicas, onde múltiplas histórias são contadas de diferentes pontos de vista e, em seguida, uma reviravolta inesperada é revelada, conectando todas as narrativas.

Exemplo: Várias histórias são apresentadas de pontos de vista diferentes. No final, revela-se que todos os eventos estavam interligados de uma maneira que ninguém esperava, alterando completamente a compreensão dos acontecimentos.

9. Abismo:

O Abismo representa o momento mais sombrio ou desafiador para o protagonista, geralmente ocorrendo antes do clímax da história.

Exemplo: O herói enfrenta uma derrota significativa ou perda profunda, questionando sua capacidade de superar o desafio principal, antes de encontrar a coragem para continuar.

10. MacGuffin:

Um MacGuffin é um objeto, pessoa ou objetivo que impulsiona a trama, mas que pode não ter grande relevância para a história em si.

Exemplo: Em muitos filmes de espionagem, o segredo ou artefato que todos estão tentando encontrar serve como o MacGuffin. O objeto em si pode não importar muito; é o conflito gerado em torno dele que impulsiona a história.

Essas técnicas narrativas são ferramentas poderosas nas mãos de escritores e roteiristas, permitindo que eles criem histórias complexas, emocionantes e cativantes para seus públicos.

Copywritting

Copywriting

Alguns autores destacam coletivamente a importância do copywriting na produção de conteúdo para mídias sociais. Jesslyn & Agustiningsih (2021) enfatiza o papel dos elementos de copywriting, como manchetes, slogans, slogans e apelos à ação, na criação do interesse do consumidor.

Wijaya et al (2022) concentra-se no papel dos redatores na criação de conteúdo informativo e envolvente em plataformas de mídia social.

Sutherland (2021) enfatiza a sinergia entre o conteúdo visual e a cópia escrita, afirmando que embora o conteúdo visual atraia a atenção, é a cópia que o acompanha que impulsiona o engajamento.

Por fim, Sukaemi et al (2023) discute o uso do copywriting para branding pessoal nas redes sociais, destacando a importância de transmitir motivos, histórias interessantes, argumentos e convites aos seguidores.

No geral, estes artigos enfatizam a importância de uma redação eficaz na produção de conteúdo envolvente e impactante para as redes sociais.

Mas o que é Copywriting?

No mundo digital, as palavras têm o poder de convencer, persuadir e encantar. Este é o domínio do copywriting, uma habilidade que transcende simples palavras e se transforma em uma forma de arte persuasiva. Neste capítulo, vamos explorar a essência do copywriting e desvendar os segredos dos gatilhos mentais que o tornam tão eficaz.

Reciprocidade

Reciprocidade é o gatilho mental que nos faz querer retribuir quando algo nos é dado. Um exemplo clássico é o marketing de conteúdo gratuito.

Imagine um blog de culinária oferecendo receitas exclusivas gratuitamente. Ao receber algo de valor gratuitamente, os leitores sentem uma inclinação natural para se envolver com a marca, seja compartilhando o conteúdo ou comprando produtos.

Prova social

Prova social é o fenômeno onde as pessoas tendem a seguir o comportamento dos outros. Imagine um site de e-commerce exibindo depoimentos de clientes satisfeitos.

Ao ver que outros tiveram uma experiência positiva, os novos compradores se sentem mais inclinados a realizar uma compra, confiando na experiência positiva dos outros.

Afeição

Afeição é o gatilho mental que se baseia em conexões emocionais. Imagine um anúncio de uma marca de cuidados com a pele mostrando uma mãe cuidando carinhosamente da pele do filho.

Ao criar uma conexão emocional, a marca não apenas vende um produto, mas também evoca sentimentos de amor e cuidado, conquistando os corações dos consumidores.

Autoridade

Autoridade é o gatilho mental que faz as pessoas seguirem aqueles que são considerados especialistas em um determinado campo. Imagine um blog de investimentos sendo escrito por um analista financeiro renomado. Ao ler suas análises, os leitores são mais propensos a confiar nas informações e considerar suas recomendações, devido à autoridade percebida do autor.

Compromisso

Compromisso é o gatilho mental baseado na ideia de que as pessoas são mais propensas a seguir adiante com uma decisão após fazerem um pequeno compromisso inicial. Um exemplo é o teste gratuito de um serviço online. Ao aceitar o teste gratuito, os usuários fazem um pequeno compromisso inicial, aumentando as chances de se comprometerem com a compra completa após o período de teste.

Escassez

Escassez é o gatilho mental que valoriza mais aquilo que é percebido como limitado em quantidade ou tempo. Imagine um site de reservas de hotéis mostrando que apenas algumas vagas estão disponíveis a um preço promocional por tempo limitado. A noção de que a oferta é limitada cria um senso de urgência, incentivando os usuários a agirem rapidamente para aproveitar a oportunidade antes que ela desapareça.

Aplicando Gatilhos Mentais no Copywriting

Agora que entendemos os poderosos gatilhos mentais, vamos explorar como eles podem ser habilmente incorporados ao copywriting. Ao usar a reciprocidade, prova social, afeição, autoridade, compromisso e escassez de maneira estratégica, os copywriters podem criar mensagens que não apenas vendem produtos, mas também capturam a atenção, envolvem emocionalmente e, por fim, inspiram ação.

O copywriting é mais do que apenas palavras. É uma forma de arte persuasiva que se baseia na compreensão profunda da psicologia humana. O copywriting é, verdadeiramente, uma arte que transforma palavras em ação.

Funil de Vendas

Funil de vendas

O funil de vendas é frequentemente dividido em várias etapas, cada uma representando uma parte do processo de tomada de decisão do cliente. Essas etapas podem variar dependendo do modelo específico de funil de vendas que uma empresa utiliza, mas geralmente incluem:

1. Consciência: Nesta fase, os clientes em potencial estão cientes da existência do produto ou serviço, muitas vezes por meio de marketing ou publicidade.

2. Interesse: Os clientes em potencial demonstram interesse no produto ou serviço. Eles podem estar pesquisando mais informações, comparando com outras opções ou interagindo de alguma forma com o conteúdo relacionado ao produto.

3. Consideração: Nesta etapa, os clientes em potencial estão considerando ativamente a compra. Eles podem estar avaliando os recursos, preços, opções de pagamento, ou lendo avaliações de outros clientes.

4. Intenção de Compra: O cliente expressa sua intenção de comprar o produto ou serviço. Isso pode acontecer de várias maneiras, como adicionar um item ao carrinho de compras online, preencher um formulário de contato ou solicitar uma cotação.

5. Compra: O cliente efetua a compra do produto ou serviço.

6. Pós-venda: Após a compra, há uma fase de acompanhamento, onde as empresas podem fornecer suporte ao cliente, incentivar avaliações,

oferecer promoções para compras futuras, e assim por diante.

A ideia é que, à medida que os clientes avançam pelo funil, o número de clientes diminui (daí a analogia com um funil), mas a qualidade dos leads (clientes em potencial) aumenta. Isso permite que as equipes de vendas concentrem seus esforços nas pessoas que estão mais propensas a fazer uma compra, maximizando assim a eficiência das vendas.

Mas o que isso tem a ver com a produção de conteúdo?

O funil de vendas pode ser uma estratégia muito eficaz quando aplicado à criação de conteúdo para redes sociais. Veja como você pode usar cada estágio do funil para criar conteúdo relevante e envolvente:

1. Consciência:

- Conteúdo Educativo: Crie postagens, vídeos e infográficos que eduquem seu público sobre problemas comuns relacionados ao seu produto ou serviço.

- Histórias de Sucesso: Compartilhe casos de sucesso de clientes para mostrar como sua solução resolveu os problemas deles.

- Curiosidades do Setor: Poste dados interessantes ou novidades do seu setor para atrair a atenção de um público mais amplo.

2. Interesse:

- Guias e Tutoriais: Crie guias passo a passo ou tutoriais em vídeo mostrando como resolver problemas específicos usando seu produto ou serviço.

- Webinars e Lives: Conduza transmissões ao vivo ou webinars sobre tópicos relevantes para seu público-alvo, demonstrando seu conhecimento e expertise.

- Conteúdo Interativo: Faça enquetes, quizzes ou pesquisas para envolver os seguidores e coletar informações sobre suas necessidades e interesses.

3. Consideração:

- Comparativos de Produtos: Compare seu produto ou serviço com os concorrentes de maneira objetiva, destacando seus pontos fortes.

- Depoimentos de Clientes: Publique depoimentos e avaliações de clientes satisfeitos para construir confiança.

- Conteúdo Explicativo: Crie conteúdo que explique como seu produto ou serviço resolve problemas específicos do cliente.

4. Intenção de Compra:

- Ofertas Especiais: Anuncie promoções exclusivas para seguidores das redes sociais, incentivando-os a fazer uma compra.

- Demonstrações de Produto: Mostre seu produto em ação por meio de vídeos ou transmissões ao vivo para que os clientes vejam exatamente o que estão comprando.

- Depoimentos em Vídeo: Vídeos curtos de clientes falando sobre sua experiência podem aumentar a confiança e incentivar a compra.

5. Compra:

- Links Diretos para Compra: Facilite o processo de compra fornecendo links diretos para produtos ou serviços em promoção.

- Códigos de Desconto Exclusivos: Ofereça códigos de desconto especiais para seguidores das redes sociais como incentivo adicional para a compra.

- Agradecimento pós-compra: Após a compra, agradeça aos clientes nas redes sociais e convide-os a compartilhar suas experiências.

6. Pós-venda:

- Conteúdo de Suporte: Compartilhe guias, FAQs e tutoriais para ajudar os clientes a maximizar o uso de seus produtos ou serviços.

- Envolvimento da Comunidade: Crie grupos ou fóruns nas redes sociais onde os clientes podem interagir, compartilhar dicas e fazer perguntas.

- Pesquisas de Satisfação: Realize pesquisas de satisfação para obter feedback contínuo e mostrar aos clientes que você valoriza suas opiniões.

Adaptar seu conteúdo às diferentes fases do funil de vendas ajuda a construir relacionamentos mais fortes com os clientes, proporcionando-lhes o suporte e a informação necessários em cada estágio da jornada de compra.

Formatos

Manual de formatos

Para te ajudar a criar o conteúdo no tamanho certo, você pode usar aplicativos que já oferecem templates no formato de cada rede social. No entanto, pode ser que você precise usar uma foto ou vídeo próprio para seu conteúdo, e aí é importante estar atento nas configurações de cada rede para que seu conteúdo fique bem bonito!

Claro, aqui está um guia geral sobre os formatos padrão de imagem e vídeo para algumas das principais redes sociais até a minha última atualização em janeiro de 2022. Lembre-se de que esses padrões podem ter mudado, então sempre é bom verificar as diretrizes mais recentes da plataforma que você está usando antes de criar conteúdo.

1. Facebook

- Imagem de Perfil: 180x180 pixels (mínimo de 160x160 pixels)

- Capa: 851x315 pixels

- Imagem Compartilhada: 1200x630 pixels

- Vídeo: Recomendado: 1280x720 pixels, Taxa de quadros: 30 fps, Formatos suportados: MP4, MOV

2. Twitter (X)

- Imagem de Perfil: 400x400 pixels (máximo de 2MB)

- Capa: 1500x500 pixels

- Imagem no Tweet: 1200x675 pixels (para uma visualização adequada em todos os dispositivos)

- Vídeo: Mínimo: 32x32 pixels, Máximo: 1920x1200 pixels, Taxa de quadros: Mínimo de 30 fps, Formatos suportados: MP4

3. Instagram

- Imagem de Perfil: 110x110 pixels (pode ser aumentado para 180x180 pixels)

- Imagem Quadrada: 1080x1080 pixels

- Imagem Vertical: 1080x1350 pixels

- Imagem Horizontal: 1080x566 pixels

- Vídeo para Feed: 600x600 pixels (mínimo) a 1080x1080 pixels (máximo), Taxa de quadros: 30 fps, Formatos suportados: MP4

- Instagram Stories: 1080x1920 pixels, Taxa de quadros: 30 fps, Formatos suportados: MP4, MOV

4. LinkedIn

- Imagem de Perfil: 400x400 pixels (mínimo)

- Capa: 1584x396 pixels

- Imagem Compartilhada: 1200x627 pixels

- Vídeo: Mínimo: 256x144 pixels, Máximo: 4096x2304 pixels, Taxa de quadros: Mínimo de 10 fps, Formatos suportados: MP4, MOV

5. YouTube

- Imagem de Perfil: 800x800 pixels

- Capa do Canal: 2560x1440 pixels (mínimo de 2048x1152 pixels)

- Miniaturas de Vídeo: 1280x720 pixels

- Vídeo: Recomendado: 1280x720 pixels (mínimo de 640x360 pixels), Taxa de quadros: 24, 25, 30, 48, 50, 60 fps, Formatos suportados: MP4, MOV, AVI, WMV

TikTok:

- Imagem de Perfil: Recomendado: 200x200 pixels.

- Vídeo Vertical: Proporção recomendada: 9:16. Resolução ideal: 1080x1920 pixels.

- Miniatura do Vídeo: As miniaturas são geralmente no formato 16:9, mas as especificações exatas podem variar.

Essas são diretrizes gerais e podem variar ligeiramente. Sempre é bom verificar as especificações atuais diretamente nas páginas de suporte das plataformas de redes sociais ou em suas políticas de uso de imagem/vídeo.

Tom de voz

Tom de voz

1. Tom de Voz Informativo/Profissional:

Este tom é formal e direto, ideal para comunicação profissional ou acadêmica, fornecendo informações claras e concisas.

Exemplo: Um artigo científico descrevendo descobertas em linguagem técnica e neutra.

2. Tom de Voz Informativo/Social:

Uma abordagem mais leve e amigável, mantendo a informação. Pode ser usado em blogs e mídias sociais.

Exemplo: Uma postagem de blog que informa sobre um novo gadget tecnológico, usando uma linguagem amigável e acessível.

3. Tom de Voz Motivacional/Emocional:

Usa emoção e motivação para engajar e inspirar. Geralmente é positivo e encorajador.

Exemplo: Uma campanha publicitária para incentivar a prática de exercícios, usando histórias emocionantes de superação.

4. Tom de Voz Pacífico/Polêmico:

Mantém a calma e a diplomacia, mesmo ao discutir tópicos polêmicos. Evita confrontos diretos.

Exemplo: Uma postagem em redes sociais sobre um tópico político delicado, apresentando argumentos de ambos os lados sem agressividade.

5. Tom de Voz Inspirador ou Negativo:

Inspirador motiva e energiza, enquanto Negativo pode ser cínico ou desencorajador.

Exemplo Inspirador: Um discurso de formatura motivacional que encoraja os graduados a perseguirem seus sonhos.

Exemplo Negativo: Um artigo de opinião sobre os desafios atuais da sociedade, enfocando aspectos negativos para criar conscientização.

6. Tom de Voz Engraçado ou Diferente:

Usa humor ou uma abordagem inusitada para envolver o público.

Exemplo Engraçado: Um comercial de TV que usa humor para promover um novo serviço de entrega de comida.

Exemplo Diferente: Um blog de viagens que explora destinos turísticos incomuns e estranhos.

7. Tom de Voz Entretenimento:

Divertido e envolvente, frequentemente usando gírias e referências culturais.

Exemplo: Um post em redes sociais de uma empresa de entretenimento interagindo com os fãs durante um evento ao vivo.

8. Tom de Voz Bastidores:

Oferece um olhar por trás das cenas, criando uma conexão mais pessoal com o público.

Exemplo: Um vídeo nos bastidores de um estúdio de cinema, mostrando o processo de criação de um filme, compartilhado nas redes sociais da produção.

Escolher o tom de voz certo é essencial para se comunicar eficazmente com seu público-alvo, pois ajuda a estabelecer uma conexão emocional e a criar a atmosfera desejada em sua mensagem.

Inteligência
Artificial

Inteligência artificial

Utilizar inteligência artificial na produção de conteúdos oferece vantagens significativas, mas também apresenta desafios e riscos importantes. A eficiência é uma das principais vantagens, permitindo a geração rápida e escalável de conteúdo. Ferramentas como ChatGPT e Synthesia exemplificam essa capacidade, gerando texto e vídeos automaticamente, economizando tempo e recursos.

A personalização é outra vantagem crucial, pois a IA pode adaptar o conteúdo para públicos específicos, melhorando a relevância. Algoritmos podem manter uma consistência no tom e estilo de escrita, beneficiando marcas que buscam manter uma voz coesa em seu conteúdo. Além disso, a IA expande as opções de mídia ao criar vídeos e áudios realistas, como visto em ferramentas como Voicely.

Entretanto, há riscos a serem considerados. A qualidade variável do conteúdo gerado pela IA é uma preocupação, especialmente em modelos menos sofisticados. A falta de criatividade também é uma limitação, já que a originalidade humana pode ser difícil de replicar. Além disso, questões éticas e de bias surgem, pois algoritmos podem replicar preconceitos existentes na sociedade, exigindo supervisão cuidadosa para evitar discriminação.

A dependência tecnológica é um desafio adicional. Empresas que dependem excessivamente da IA podem se tornar vulneráveis a falhas tecnológicas ou mudanças drásticas na tecnologia. A necessidade de supervisão humana é constante, garantindo que o conteúdo seja preciso, relevante e seguro para os usuários.

Em resumo, enquanto a inteligência artificial oferece eficiência e personalização, é essencial equilibrar essas vantagens com uma supervisão cuidadosa para garantir a qualidade e a ética do conteúdo gerado. O entendimento das limitações da IA é crucial para tomar decisões informadas ao integrá-la na produção de conteúdos.

A seguir listo algumas ferramentas de IA que já usei ou pelo menos já descobri sua funcionalidade:

- Chat GPT
- Midjourney
- Sitekick
- Perplexity
- Synthesia
- Voicely
- Speechtext
- Jasper
- SEO.ai
- Dalle2
- Olli
- Formulabot
- Runway
- Soundraw
- Fliki

- Pebblely

Referências bibliográficas

Jesslyn, & Agustiningsih, G. (2021). APPLICATION OF COPYWRITING ELEMENTS IN SOCIAL MEDIA ADVERTISING DRINKING PRODUCTS NOW IN CREATING CONSUMER INTEREST. Jurnal Komunikasi Dan Bisnis, 9(1), 55–67. https://doi.org/10.46806/jkb.v9i1.678

Jorge Veríssimo, «Retórica Clássica e Storytelling na Práxis Publicitária», Comunicação e sociedade [Online], 40 | 2021, posto online no dia 20 dezembro 2021, consultado o 26 outubro 2023. URL: http://journals.openedition.org/cs/6208

Mu, M., Simpson, S., Race, N., Niamut, O., Koot, G., Kaptein, R., ... & Mori, L. (2015). " Let's share a story": Socially-enhanced multimedia storytelling. *IEEE MultiMedia.*

Reddy, Anisha. (2019). Creating awareness about social issues through digital storytelling.

Sukaemi, L. H., Muharam, I. S., & Kamilah, H. F. (2023). Copywriting for Teenagers' Personal Branding on Social Media: Pemanfaatan Copy Writing untuk Personal Branding di Media Sosial Bagi Kalang Remaja. Dinamisia : Jurnal Pengabdian Kepada Masyarakat, 7(2), 433-444. https://doi.org/10.31849/dinamisia.v7i2.12629

Sutherland, K.E. (2021). Creating Compelling Images, Graphics, Memes and Infographics. In: Strategic Social Media Management.

Palgrave Macmillan, Singapore. https://doi.org/10.1007/978-981-15-4658-7_15

Telg, B. 2015. Storytelling builds communities. Disponível no iste: https://www.selfnarrate.com/resources/2015/5/18/storytelling-builds-communities

Wijaya, N. Q. , Anwar, S, and Abrar U. (2022) Peran Copywriter Dalam Pembuatan Konten Sebagai Sarana Media Informasi Digital Pada Dinas Kominfo Sumenep. Jurnal Manajemen Dan Bisnis Indonesia, No 01 Jun.. Hal.23-30

Made in the USA
Columbia, SC
15 February 2024